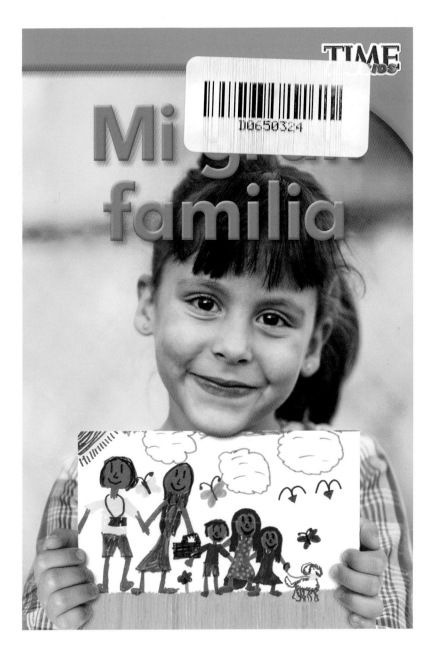

Mi gran familia

Dona Herweck Rice

Asesor

Timothy Rasinski, Ph.D.
Kent State University

Créditos

Dona Herweck Rice, *Gerente de redacción*

Robin Erickson, *Directora de diseño y producción*

Lee Aucoin, *Directora creativa*

Conni Medina, M.A.Ed., *Directora editorial*

Rosie Orozco-Robles, *Editora asociada de educación*

Don Tran, *Diseñador*

Stephanie Reid, *Editora de fotos*

Rachelle Cracchiolo, M.S.Ed., *Editora comercial*

Basada en los escritos de *TIME For Kids*.

TIME For Kids y el logotipo de *TIME For Kids* son marcas registradas de TIME Inc.
Usado bajo licencia.

Teacher Created Materials

5301 Oceanus Drive
Huntington Beach, CA 92649-1030
http://www.tcmpub.com
ISBN 978-1-4333-4409-1
© 2012 Teacher Created Materials, Inc.

Esta soy yo.

Esta es mi mamá.

Este es mi papá.

Esta es mi abuela.

Este es mi abuelo.

Este es mi
hermano.

Esta es mi
hermana.

Este es mi perro.

Este es mi gato.

Palabras para aprender

abuela	hermana
abuelo	hermano
es	mamá
esta	mi
este	papá
familia	perro
gato	soy
gran	yo